Impressum
Verlag: BABADADA GmbH, Nedderfeld 112 , 22529 Hamburg
Geschäftsführer / Verlagsleitung: Harald Hof
Druck: Books on Demand GmbH, In de Tarpen 42, 22848 Norderstedt

Imprint
Publisher: BABADADA GmbH, Nedderfeld 112 , 22529 Hamburg, Germany
Managing Director / Publishing direction: Harald Hof
Print: Books on Demand GmbH, In de Tarpen 42, 22848 Norderstedt, Germany

школа
school

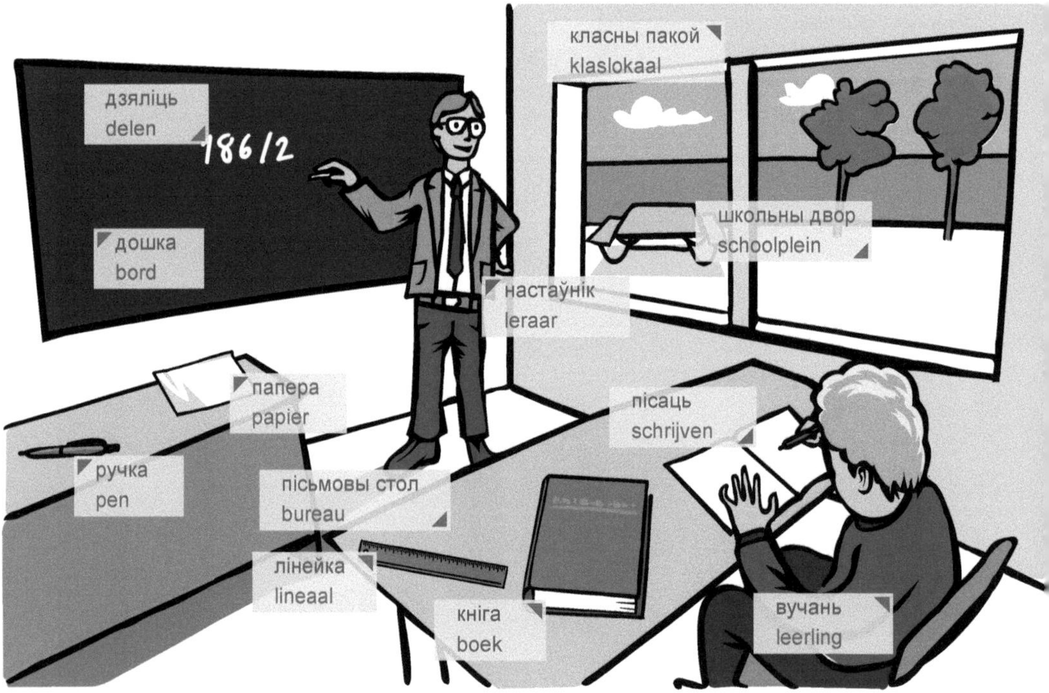
класны пакой
klaslokaal
дзяліць
delen
186/2
дошка
bord
школьны двор
schoolplein
настаўнік
leraar
папера
papier
пісаць
schrijven
ручка
pen
пісьмовы стол
bureau
лінейка
lineaal
кніга
boek
вучань
leerling

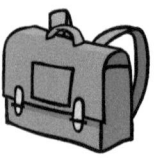

ранец

schooltas

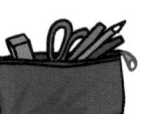

пенал

etui

просты аловак

potlood

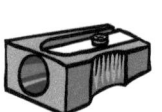

тачылка для алоўкаў

puntenslijper

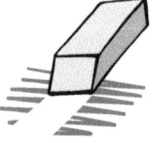

гумка

gum

альбом для малявання

schetsblok

малюнак

tekening

пэндзлік

penseel

фарбы

verfdoos

нажніцы

schaar

клей

lijm

сшытак

schrift

хатняе заданне

huiswerk

12

лік

getal

2+2

дадаваць

optellen

5-2

адымаць

aftrekken

2×2

множыць

vermenigvuldigen

лічыць

rekenen

A

літара

letter

ABCDEFG
HIJKLMN
OPQRSTU
VWXYZ

алфавіт

alfabet

hello

слова

woord

тэкст

tekst

чытаць

lezen

крэйда

krijt

ўрок

les

класны журнал

klassenboek

экзамен

examen

атэстат

diploma

школьная форма

schooluniform

адукацыя

opleiding

энцыклапедыя

encyclopedie

універсітэт

universiteit

мікраскоп

microscoop

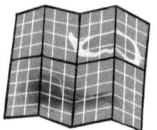

карта

kaart

смеццевы кошык

prullenmand

падарожжа
reis

Grand
гатэль
hotel
хостэл
hostel
ROOMS
абменны пункт
wisselkantoor
EXCHANGE
чамадан
koffer
аўтамабіль
auto

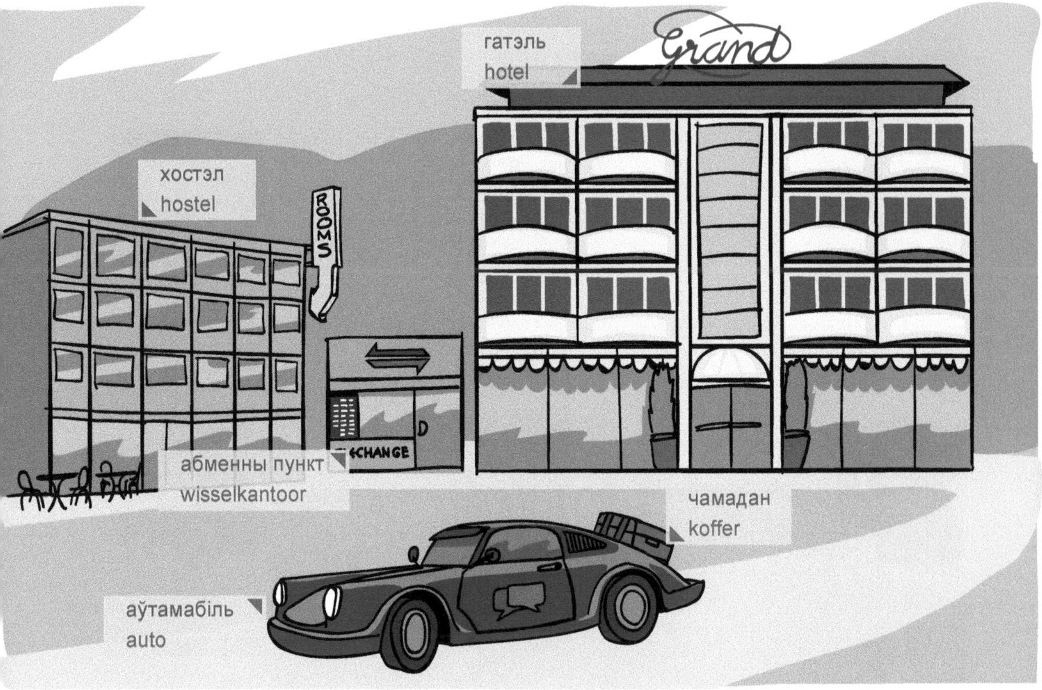

мова

taal

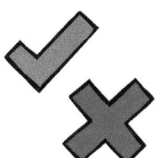

так / не

ja / nee

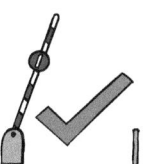

добра

oké

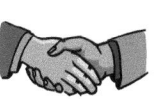

прывітанне!

Hallo!

перакладчык

tolk

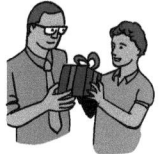

дзякуй

Bedankt.

Колькі каштуе....?

Wat kost ...?

я не разумею

Ik begrijp het niet.

праблема

probleem

Добры вечар!

Goedenavond!

Добрай раніцы!

Goedemorgen!

Дабранач!

Goedenacht!

да пабачэння

Tot ziens!

кірунак

richting

багаж

bagage

сумка

tas

заплечнік

rugzak

госць

gast

пакой

kamer

спальны мяшок

slaapzak

палатка

tent

інфармацыя для турыстаў

VVV-kantoor

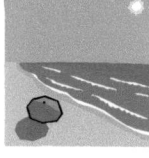

пляж

strand

крэдытная картка

creditkaart

снеданне

ontbijt

абед

lunch

вячэра

diner

праязны білет

kaartje

ліфт

lift

паштовая марка

postzegel

мяжа

grens

мытня

douane

пасольства

ambassade

віза

visum

пашпарт

paspoort

транспарт

transport

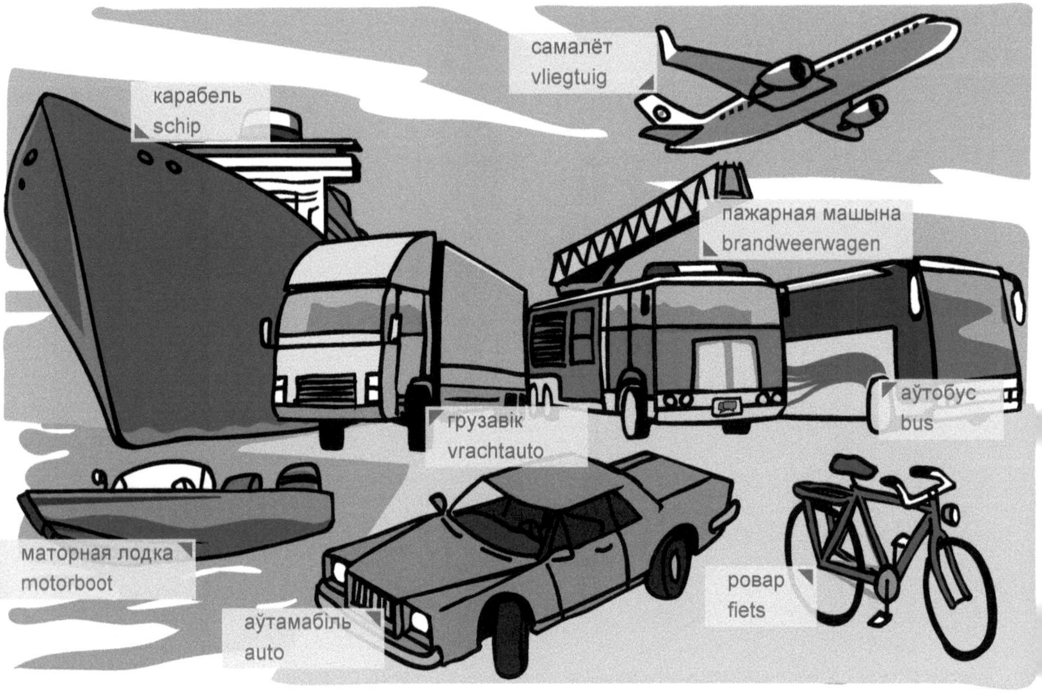

самалёт
vliegtuig
карабель
schip
пажарная машына
brandweerwagen
аўтобус
bus
грузавік
vrachtauto
маторная лодка
motorboot
ровар
fiets
аўтамабіль
auto

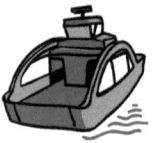

паром

veerboot

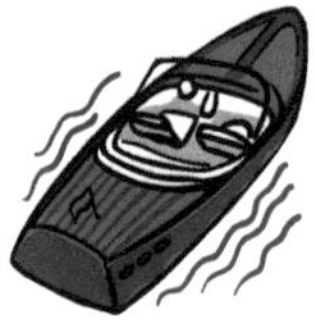

лодка

boot

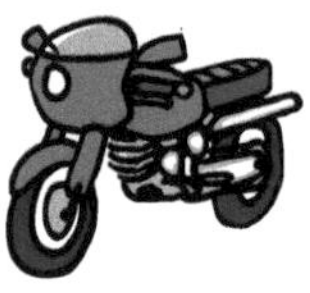

матацыкл

motorfiets

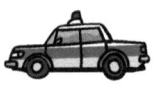

паліцэйская машына

politiewagen

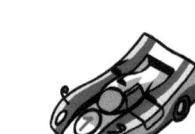

гоначны аўтамабіль

raceauto

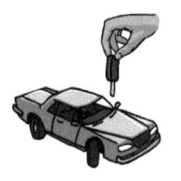

арэндаваны аўтамабіль

huurauto

сумеснае карыстанне
аўтамабілем

carsharing

эвакуатар

takelwagen

смеццявоз

vuilniswagen

матор

motor

паліва

benzine

запраўка

benzinepomp

дарожны знак

verkeersbord

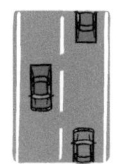

дарожны рух

verkeer

затор

file

паркоўка

parkeerplaats

чыгуначная станцыя

station

рэйкі

rails

цягнік

trein

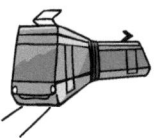

трамвай

tram

вагон

wagon

верталёт

helikopter

аэрапорт

luchthaven

вежа

toren

пасажыр

passagier

кантэйнер

container

кардонная скрыня

verhuisdoos

тачка

kar

карзіна

mand

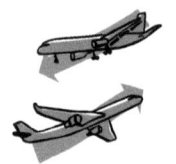

ўзлятаць / прызямляцца

opstijgen / landen

горад

stad

вёска

dorp

цэнтр горада

stadscentrum

дом

huis

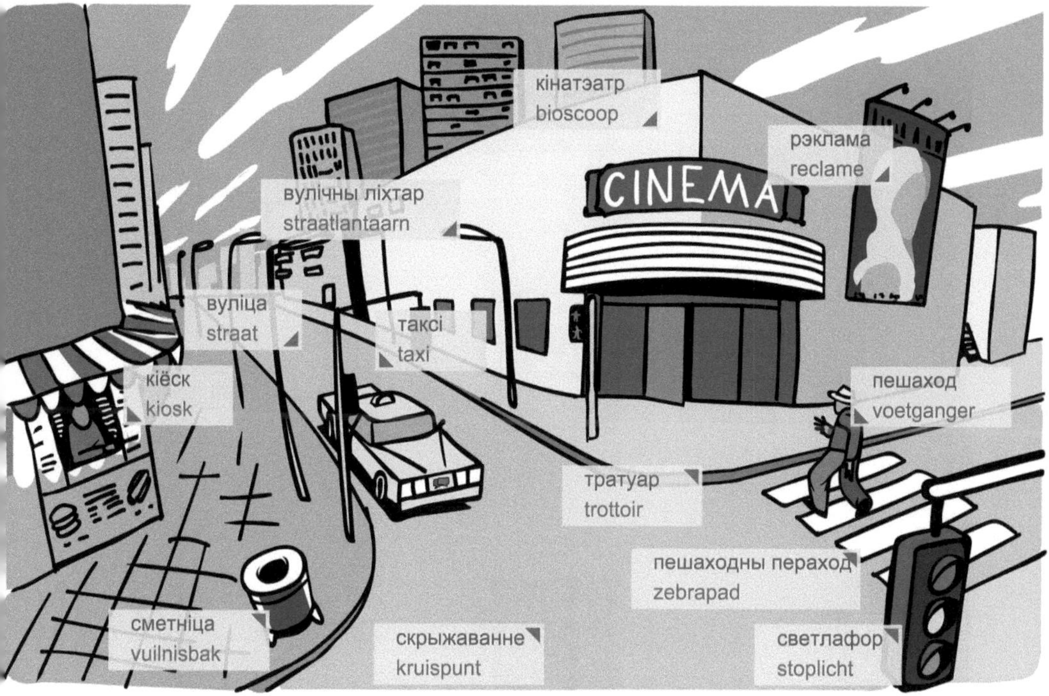

кінатэатр
bioscoop

рэклама
reclame

вулічны ліхтар
straatlantaarn

CINEMA

вуліца
straat

таксі
taxi

кіёск
kiosk

пешаход
voetganger

тратуар
trottoir

пешаходны пераход
zebrapad

сметніца
vuilnisbak

скрыжаванне
kruispunt

светлафор
stoplicht

халупа

hut

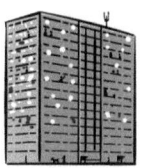

кватэра

appartement

чыгуначная станцыя

station

ратуша

stadhuis

музей

museum

школа

school

універсітэт

universiteit

банк

bank

шпіталь

ziekenhuis

гатэль

hotel

аптэка

apotheek

офіс

kantoor

кнігарня

boekenwinkel

крама

winkel

кветкавая крама

bloemenwinkel

супермаркет

supermarkt

кірмаш

markt

універмаг

warenhuis

рыбная крама

visboer

гандлевы цэнтр

winkelcentrum

порт

haven

парк

park

лава

bank

мост

brug

лесвіца

trap

метро

metro

тунэль

tunnel

прыпынак

bushalte

бар

bar

рэстаран

restaurant

паштовая скрыня

brievenbus

вулічны паказальнік

straatnaambord

паркамат

parkeermeter

заапарк

dierentuin

басейн

zwembad

мячэць

moskee

сядзіба

boerderij

забруджванне
навакольнага асяроддзя

vervuiling

могілкі

begraafplaats

царква

kerk

пляцоўка для гульні

speelplaats

храм

tempel

краявід
landschap

ліст
blad

паказальнік
wegwijzer

дарога
weg

луг
weide

камень
steen

дрэва
boom

падарожнік
wandelaar

рака
rivier

трава
gras

кветка
bloem

даліна

vallei

гара

berg

возера

meer

лес

bos

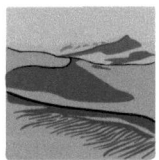

пустыня

woestijn

вулкан

vulkaan

замак

kasteel

вясёлка

regenboog

грыб

paddenstoel

пальма

palmboom

камар

mug

муха

vlieg

мурашка

mier

пчала

bij

павук

spin

жук

kever

жаба

kikker

вавёрка

eekhoorn

вожык

egel

заяц

haas

сава

uil

птушка

vogel

лебедзь

zwaan

дзік

wild zwijn

алень

hert

лось

eland

плаціна

stuwdam

вятрак

windmolen

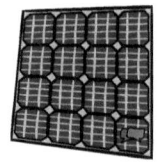

сонечная батарэя

zonnepaneel

клімат

klimaat

рэстаран

restaurant

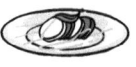

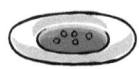

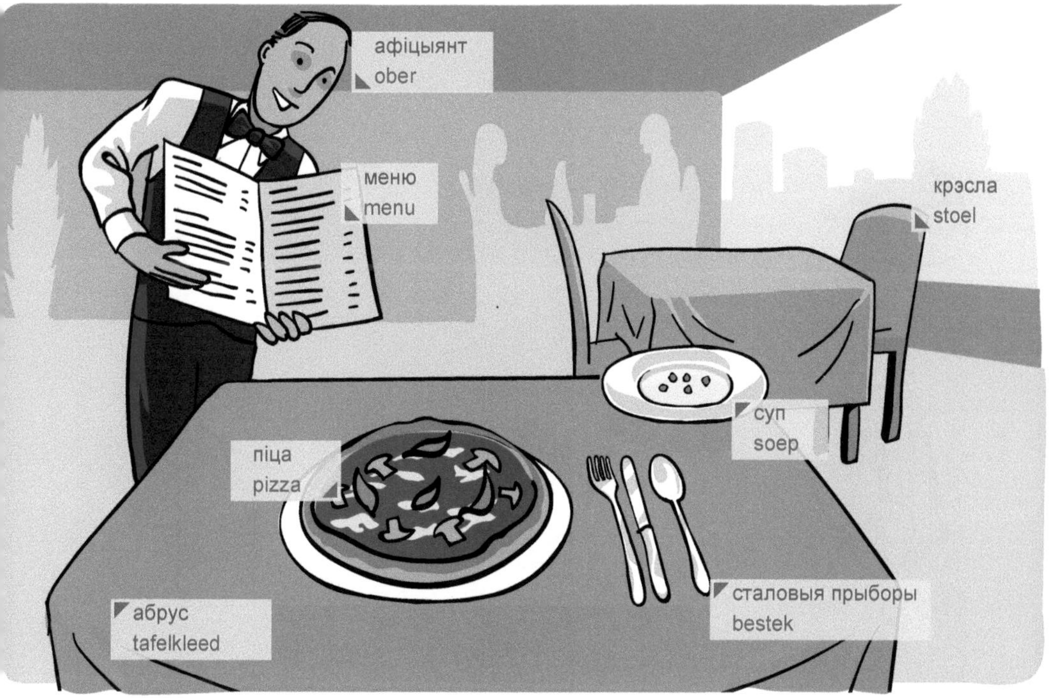

афіцыянт
ober
меню
menu
крэсла
stoel
суп
soep
піца
pizza
абрус
tafelkleed
сталовыя прыборы
bestek

закуска

voorgerecht

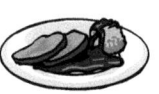

другая страва

hoofdgerecht

дэсерт

toetje

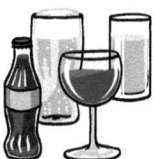

напоі

dranken

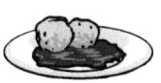

ежа

eten

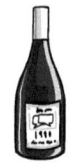

бутэлька

fles

хуткае харчаванне (фаст-
фуд)

fastfood

стрыт-фуд

eetkraampje

імбрык (чайнік)

theepot

цукарніца

suikerpot

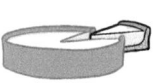

порцыя

portie

эспрэса-машына

espressomachine

дзіцячае крэселка

kinderstoel

рахунак

rekening

паднос

dienblad

нож

mes

відэлец

vork

лыжка

lepel

чайная лыжка

theelepel

сурвэтка

servet

шклянка

glas

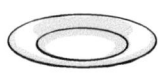

талерка

bord

супавая талерка

soepbord

сподак

schotel

соус

saus

сальніца

zoutvaatje

млынок для перцу

pepermolen

воцат

azijn

алей

olie

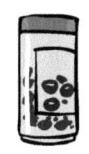

спецыі

kruiden

кетчуп

ketchup

гарчыца

mosterd

маянэз

mayonaise

супермаркет
supermarkt

акцыя
aanbieding
пакупнік
klant
малочныя прадукты
zuivelproducten
садавіна
fruit
вазок
winkelwagen
FOR

BUTCHERS

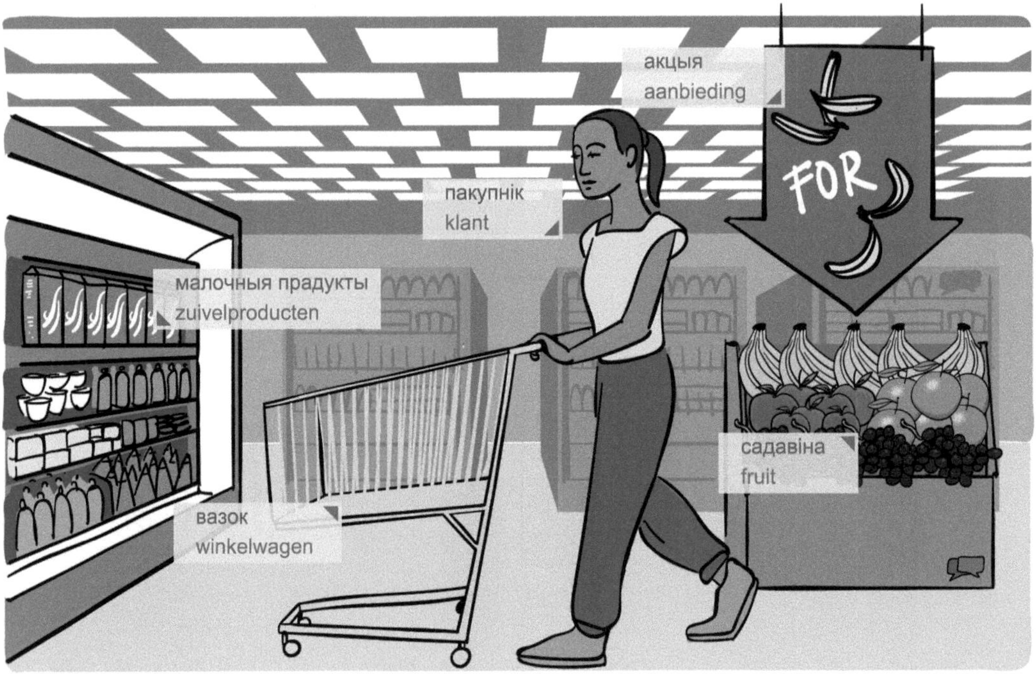

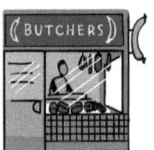

мясная крама

slager

BAKERY

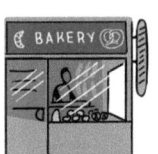

хлебны магазін

bakkerij

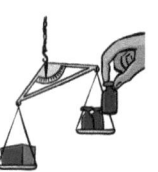

важыць

wegen

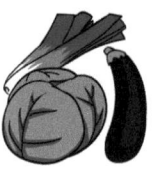

гароднiна

groente

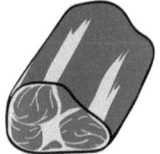

мяса

vlees

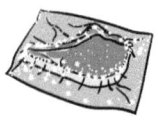

свежазамарожаныя прадукты

diepvriesproducten

нарэзка

vleeswaren

кансервы

conserven

пральны парашок

wasmiddel

прысмакі

snoepgoed

хатнія прылады

huishoudelijke artikelen

чысцячы сродак

schoonmaakmiddel

прадавец

verkoopster

каса

kassa

касір

kassier

спіс пакупак

boodschappenlijstje

гадзіны працы

openingstijden

бумажнік

portefeuille

крэдытная картка

creditkaart

сумка

tas

пакет

plastic zak

вада

water

сок

sap

малако

melk

кола

cola

він

wijn

піва

bier

алкаголь

alcohol

какава

chocolademelk

гарбата (чай)

thee

кава

koffie

эспрэса

espresso

капучына

cappuccino

банан

banaan

яблык

appel

апельсін

sinaasappel

дыня

watermeloen

лімон

citroen

морква

wortel

часнок

knoflook

бамбук

bamboe

цыбуля

ui

грыб

paddenstoel

арэхі

noten

локшына

pasta

спагеці

spaghetti

рыс

rijst

салата

salade

бульба фры

friet

смажаная бульба

gebakken aardappelen

піца

pizza

гамбургер

hamburger

бутэрброд

sandwich

шніцаль

schnitzel

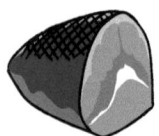

вяндліна

ham

салямі

salami

каўбаса

worst

курыца

kip

смажаніна

gebraad

рыбак

vis

аўсяныя камякі

havermout

мюслі

muesli

кукурузныя шматкі

cornflakes

мука

meel

круасан

croissant

булачка

broodjes

хлеб

brood

тост

toast

пячэнне

koekjes

масла

boter

тварог

kwark

пірог

taart

яйка

ei

яечня

gebakken ei

сыр

kaas

марожанае

ijs

цукар

suiker

мёд

honing

варэнне

jam

нуга

chocoladepasta

кары

kerrie

сядзіба
boerderij

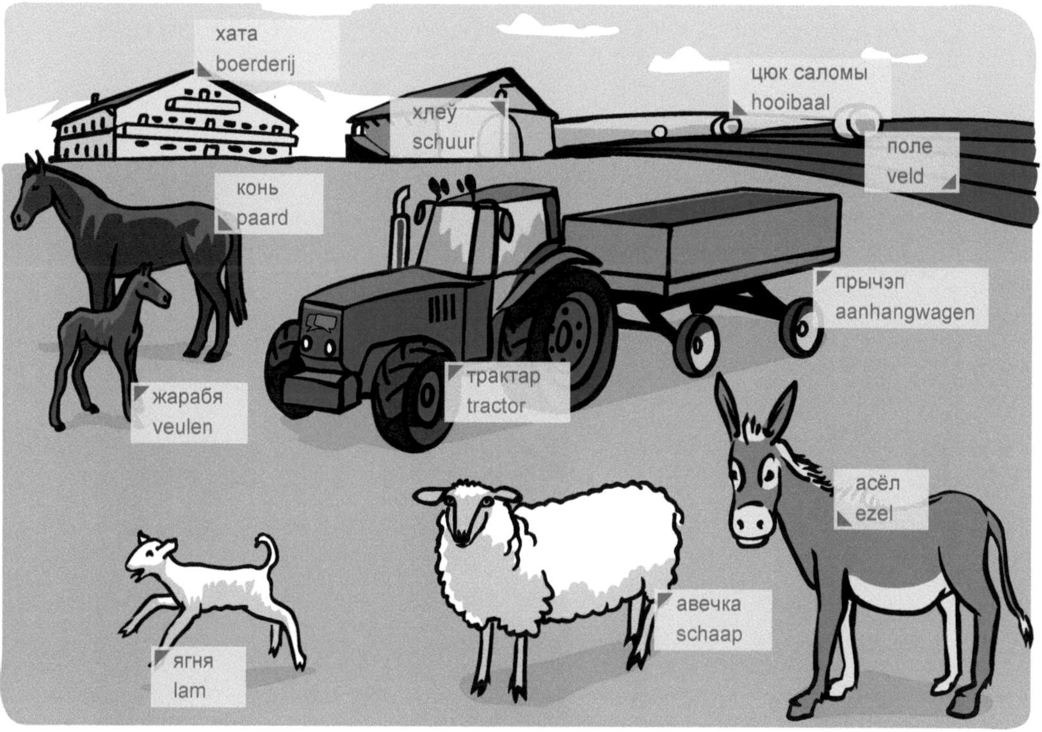
хата
boerderij
хлеў
schuur
цюк саломы
hooibaal
поле
veld
конь
paard
прычэп
aanhangwagen
жарабя
veulen
трактар
tractor
асёл
ezel
авечка
schaap
ягня
lam

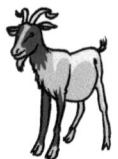

каза

geit

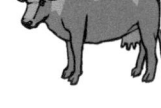

карова

koe

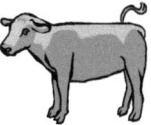

цяля

kalf

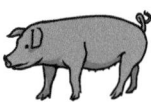

свіння

varken

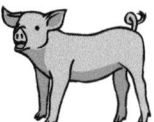

парася

big

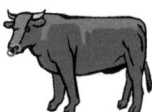

бык

stier

гусак

gans

качка

eend

кураня

kuiken

курыца

kip

певень

haan

пацук

rat

кот

kat

мыш

muis

вол

os

сабака

hond

сабачая будка

hondenhok

садовы шланг

tuinslang

палівачка

gieter

каса

zeis

плуг

ploeg

серп

sikkel

матыка

schoffel

вілы для гною

hooivork

сякера

bijl

тачка

kruiwagen

карыта

trog

бітон для малака

melkbus

мех

zak

плот

hek

хлеў

stal

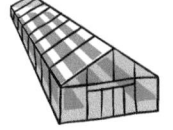

цяпліца

broeikas

глеба

grond

насенне

zaad

угнаенне

mest

камбайн

maaidorser

збіраць ураджай

oogsten

ураджай

oogst

ямс

yam

пшаніца

tarwe

соя

soja

бульба

aardappel

кукуруза

maïs

рапс

koolzaad

садовае дрэва

fruitboom

маніёк

maniok

збожжа

granen

дом

huis

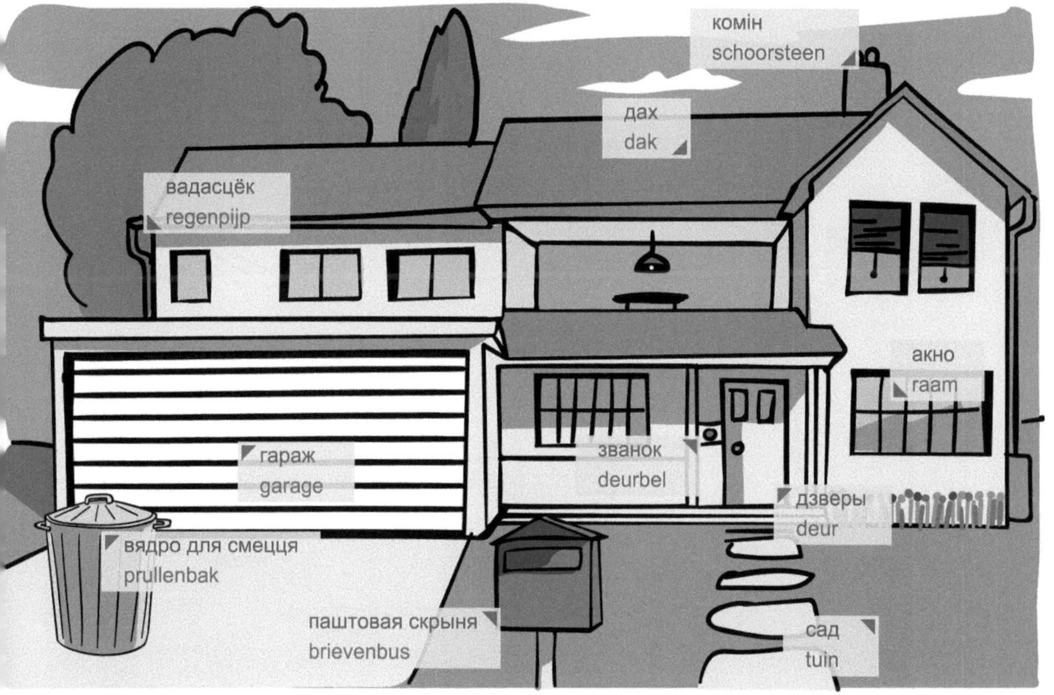
комін
schoorsteen
дах
dak
вадасцёк
regenpijp
акно
raam
гараж
garage
званок
deurbel
дзверы
deur
вядро для смецця
prullenbak
паштовая скрыня
brievenbus
сад
tuin

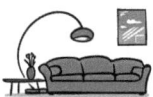

жылы пакой

woonkamer

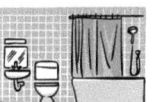

ванная

badkamer

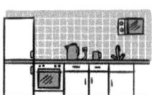

кухня

keuken

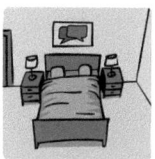

спальны пакой

slaapkamer

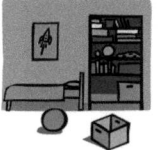

дзіцячы пакой

kinderkamer

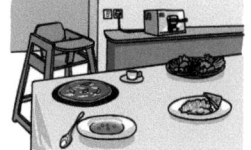

сталоўка

eetkamer

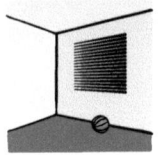

падлога

vloer

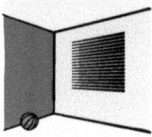

сцяна

muur

столь

plafond

падвал

kelder

саўна

sauna

балкон

balkon

тэраса

terras

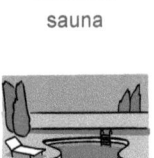

басейн

zwembad

касілка

grasmaaier

падкоўдранік

laken

коўдра

bedsprei

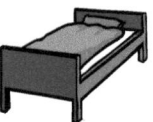

ложак

bed

венік

bezem

вядро

emmer

выключальнік

schakelaar

жылы пакой

woonkamer

шпалеры
behang
малюнак
foto
лямпа
lamp
паліца
plank
шафа
kast
тэлевізар
televisie
камін
open haard
кветка
bloem
падушка
kussen
канапа
bankstel
ваза
vaas
пульт
afstandsbediening

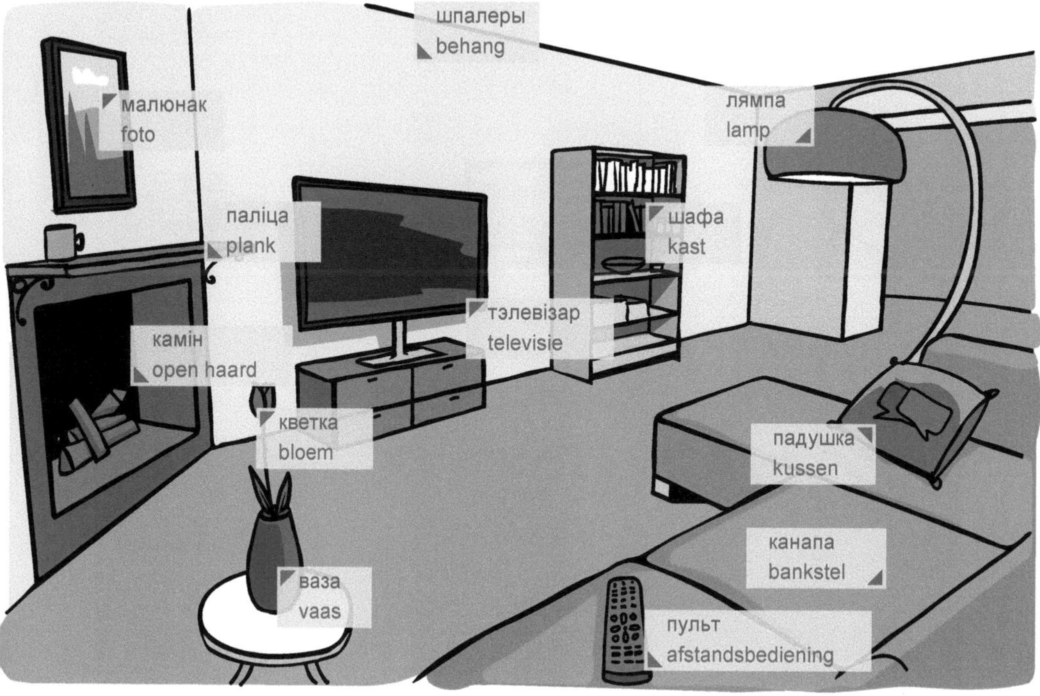

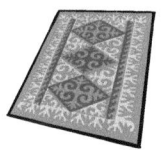

дыван

tapijt

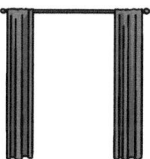

фіранка

gordijn

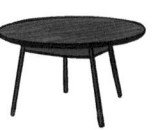

стол

tafel

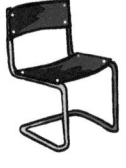

крэсла

stoel

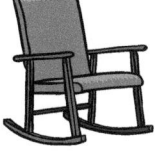

крэсла-качалка

schommelstoel

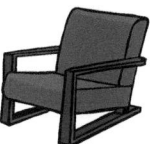

крэсла

stoel

кніга

boek

коўдра

deken

дэкарацыя

decoratie

дровы

brandhout

кіно

film

стэрэасістэма

stereo-installatie

ключ

sleutel

газета

krant

карціна

schilderij

постар

poster

радыё

radio

нататнік

kladblok

пыласос

stofzuiger

кактус

cactus

свечка

kaars

кухня
keuken

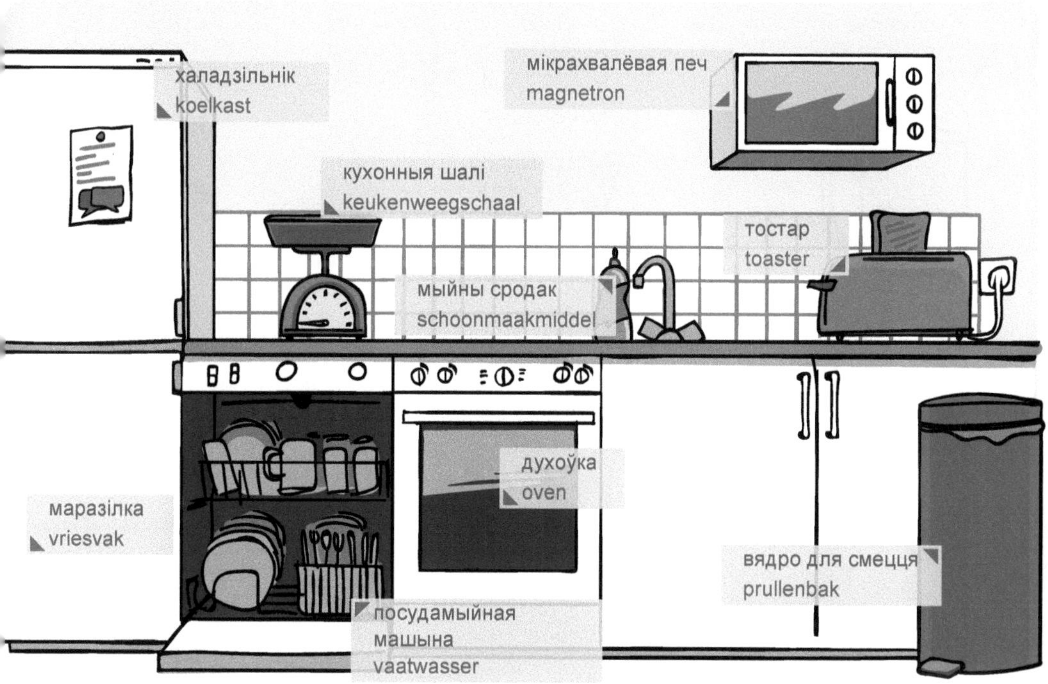
халадзільнік
koelkast
мікрахвалёвая печ
magnetron
кухонныя шалі
keukenweegschaal
тостар
toaster
мыйны сродак
schoonmaakmiddel
духоўка
oven
маразілка
vriesvak
вядро для смецця
prullenbak
посудамыйная машына
vaatwasser

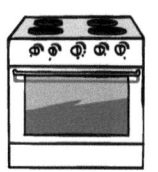

пліта

fornuis

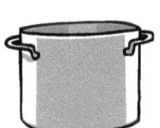

рондаль

pan

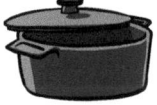

чыгунок

gietijzeren pan

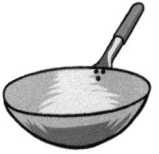

Вок / кадаі

wok / kadai

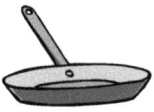

патэльня

koekenpan

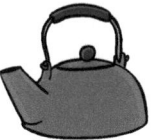

чайнік

ketel

пароварка

stoomkoker

бляха

bakplaat

посуд

servies

кубак

beker

міска

kom

палачкі для ежы

eetstokjes

чарпак

soeplepel

лапатачка

spatel

збівалка

garde

сіта для варэння

vergiet

сіта

zeef

тарка

rasp

ступка

vijzel

грыль

barbecue

вогнішча

vuurhaard

дошка

snijplank

качалка

deegroller

штопар

kurkentrekker

бляшанка

blik

адкрывалка

blikopener

прыхваткі

pannenlap

ракавіна

wasbak

шчотка

borstel

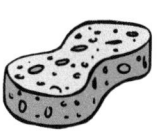

губка

spons

міксер

blender

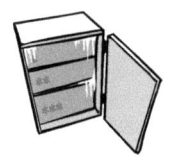

маразільная камера

vriezer

бутэлечка

babyflesje

вадаправодны кран

kraan

ванная
badkamer

душ
douche
ручніковы сушыцель
verwarming
ручнік
handdoek
штора для душа
douchegordijn
пенная ванна
bubbelbad
ванна
bad
шклянка
glas
мыйная машына
wasmachine
вадаправодны кран
kraan
плітка
tegels
начны гаршчок
potje
ракавіна
wasbak

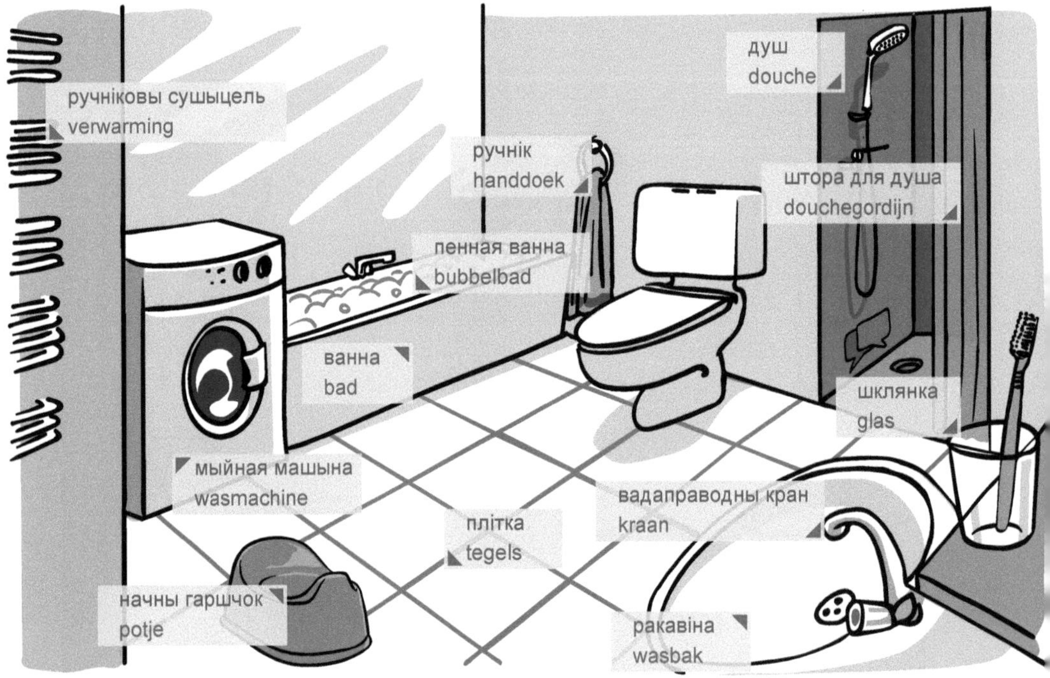

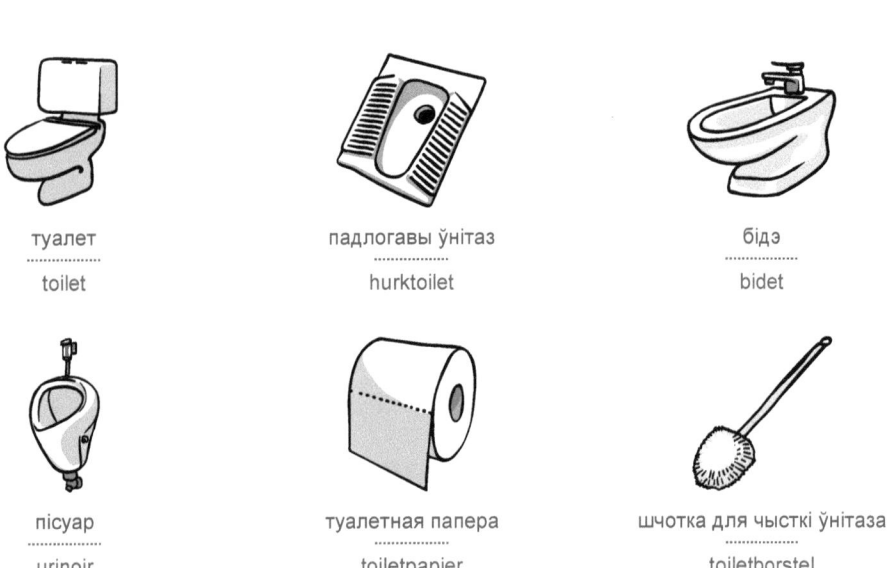

туалет
toilet

падлогавы ўнітаз
hurktoilet

бідэ
bidet

пісуар
urinoir

туалетная папера
toiletpapier

шчотка для чысткі ўнітаза
toiletborstel

зубная шчотка

tandenborstel

зубная паста

tandpasta

зубная нітка

flosdraad

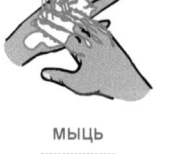

мыць

wassen

ручны душ

handdouche

інтымны душ

toiletdouche

умывальнік

waskom

шчотка для спіны

rugborstel

мыла

zeep

гель для душа

douchegel

шампунь

shampoo

вяхотка

washanje

вадасцёк

afvoer

крэм

creme

дэзадарант

deodorant

люстэрка

spiegel

касметычнае люстэрка

make-upspiegel

станок для галення

scheermes

пена для галення

scheerschuim

ласьён пасля галення

aftershave

грэбень

kam

шчотка

borstel

фен

haardroger

лак для валасоў

haarspray

касметыка

make-up

памада

lippenstift

лак для пазногцяў

nagellak

вата

watten

манікюрныя нажніцы

nagelschaartje

духі

parfum

касметычка

toilettas

табурэтка

kruk

вагі

weegschaal

лазневы халат

badjas

санітарныя пальчаткі

rubber handschoenen

тампон

tampon

гігіенічныя пракладкі

maandverband

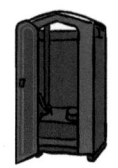

біятуалет

chemisch toilet

дзіцячы пакой

kinderkamer

будзільнік
wekker
мяккая цацка
knuffeldier
цацачная машынка
speelgoedauto
бразготка
rammelaar
лялечны домік
poppenhuis
падарунак
cadeau

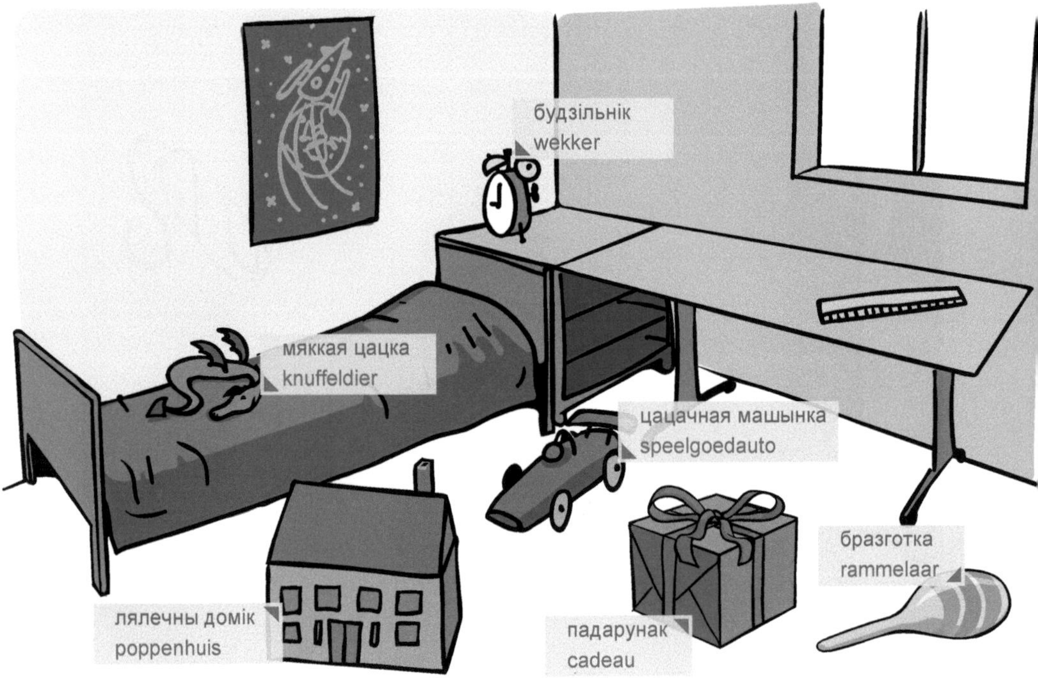

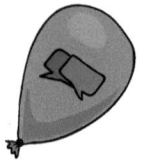

надзіманы шарык

ballon

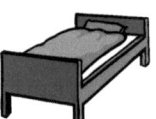

ложак

bed

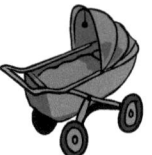

дзіцячая каляска

kinderwagen

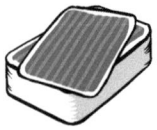

калода картаў

kaartspel

пазл

puzzel

SUPER
MEGA

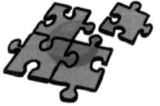

комікс

stripverhaal

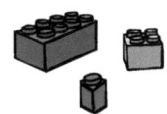

канструктар "Лега"

legostenen

канструктар

speelgoedblokken

экшэн-фігурка

actiefiguurtje

дзіцячы гарнітур

romper

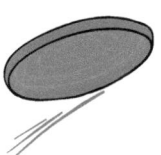

фрызбі

frisbee

дзіцячы мабіль

mobile

настольная гульня

bordspel

кубік

dobbelsteen

дзіцячая чыгунка

modeltrein

пустышка

speen

дзіцячае свята

feestje

кніга з малюнкамі

prentenboek

мячык

bal

лялька

pop

гуляцца

spelen

пясочніца

zandbak

арэлі

schommel

цацкі

speelgoed

гульнявая відэа прыстаўка

spelcomputer

трохколавы ровар

driewieler

плюшавы мішка

teddybeer

шафа

kleerkast

адзенне

kleding

шкарпэткі

sokken

панчохі

kousen

калготкі

panty

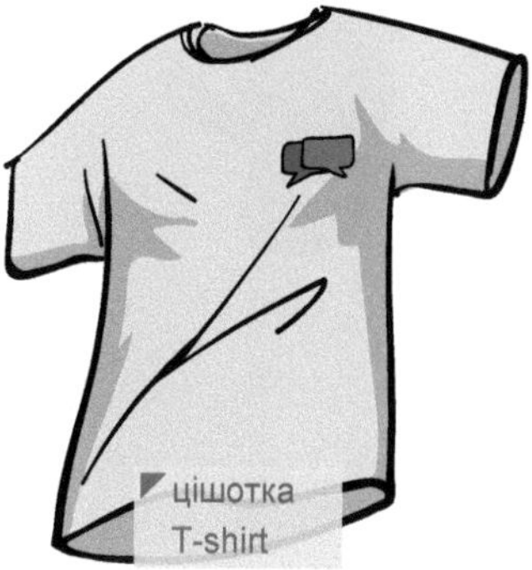

шалік
sjaal

рамень
riem

парасон
paraplu

цішотка
T-shirt

боты
laarzen

пантоплі
pantoffels

красоўкі
sportschoenen

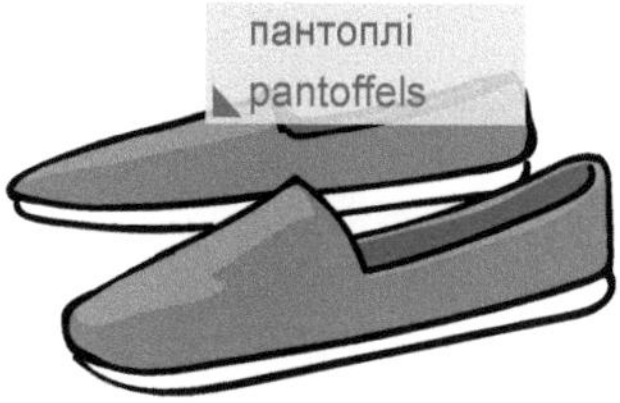

сандалі
sandalen

абутак
schoenen

гумовыя боты
rubberlaarzen

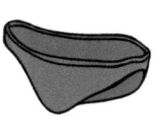

трусы
onderbroek

бюстгальтар
beha

майка
onderhemd

бодзі
body

штаны
broek

джынсы
spijkerbroek

спадніца
rok

блузка
blouse

кашуля
overhemd

джэмпер
trui

талстоўка
hoody

блэйзер
blazer

куртка
jas

паліто
mantel

дажджавік
regenjas

касцюм
kostuum

сукенка
jurk

вясельная сукенка
trouwjurk

касцюм

pak

начная сарочка

nachthemd

піжама

pyjama

сары

sari

хустка

hoofddoek

цюрбан

tulband

паранджа

boerka

каптан

kaftan

Абая

abaja

купальнік

zwempak

плаўкі

zwembroek

шорты

korte broek

спартыўны касцюм

trainingspak

фартух

schort

пальчаткі

handschoenen

гузік
....
knoop

акуляры
....
bril

бранзалет
....
armband

каралі
....
ketting

кальцо
....
ring

завушніца
....
oorbel

кепка
....
pet

вешалка
....
kledinghanger

капялюш
....
hoed

гальштук
....
stropdas

маланка
....
rits

шлем
....
helm

падцяжкі
....
bretels

школьная форма
....
schooluniform

уніформа
....
uniform

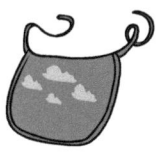

нагруднік
slabbetje

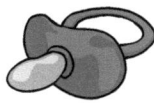

пустышка
speen

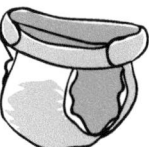

падгузнік
luier

офіс
kantoor

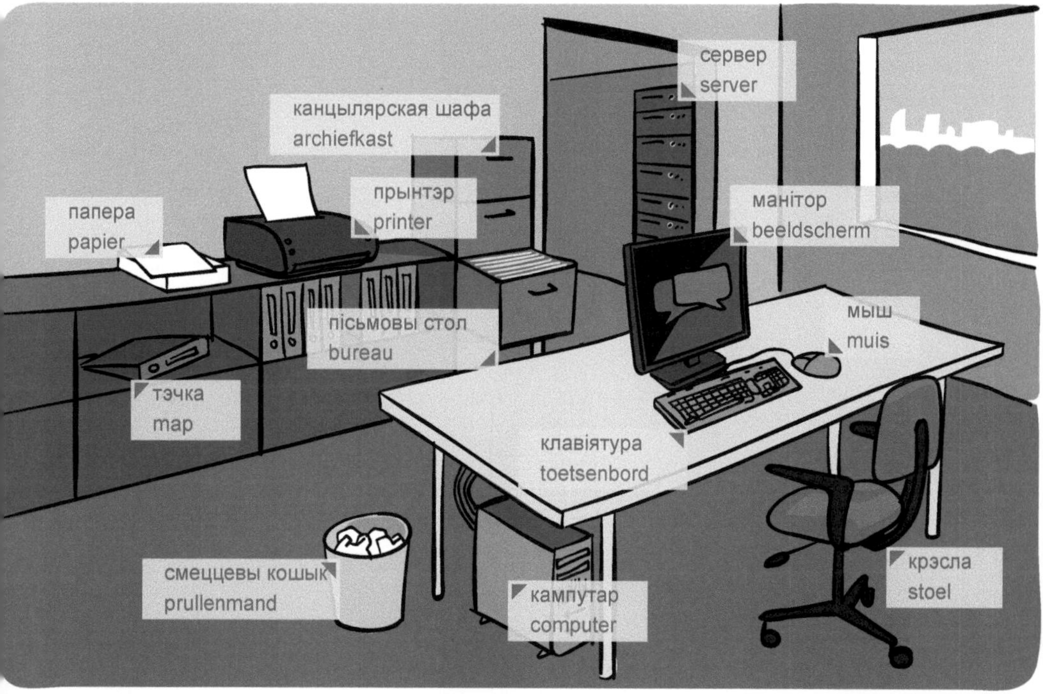

сервер
server
канцылярская шафа
archiefkast
прынтэр
printer
папера
papier
манітор
beeldscherm
мыш
muis
пісьмовы стол
bureau
тэчка
map
клавіятура
toetsenbord
смеццевы кошык
prullenmand
кампутар
computer
крэсла
stoel

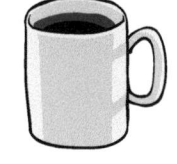

кубак для кавы (філіжанка)
koffiemok

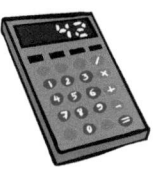

калькулятар
rekenmachine

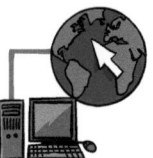

інтэрнэт
internet

ноўтбук

laptop

ліст

brief

паведамленне

bericht

мабільны тэлефон

mobiele telefoon

сетка

netwerk

ксеракс

kopieermachine

праграмнае забеспячэнне

software

тэлефон

telefoon

разетка

stopcontact

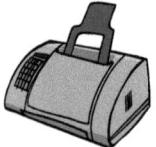

факс

fax

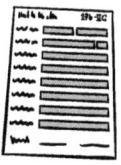

фармуляр

formulier

дакумент

document

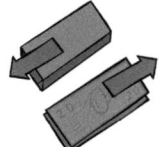

купляць

kopen

плаціць

betalen

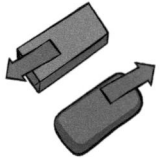

гандляваць

handel drijven

грошы

geld

долар

dollar

еўра

euro

ена

yen

рубель

roebel

франк

Zwitserse frank

кітайскі юань

renminbi yuan

рупія

roepie

банкамат

geldautomaat

абменны пункт

wisselkantoor

золата

goud

срэбра

zilver

нафта

olie

энергія

energie

цана

prijs

кантракт

contract

падатак

belasting

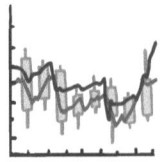

акцыя

aandeel

работаць

працаваць

werken

служачы

werknemer

працадаўца

werkgever

фабрыка

fabriek

крама

winkel

прафесіі
beroepen

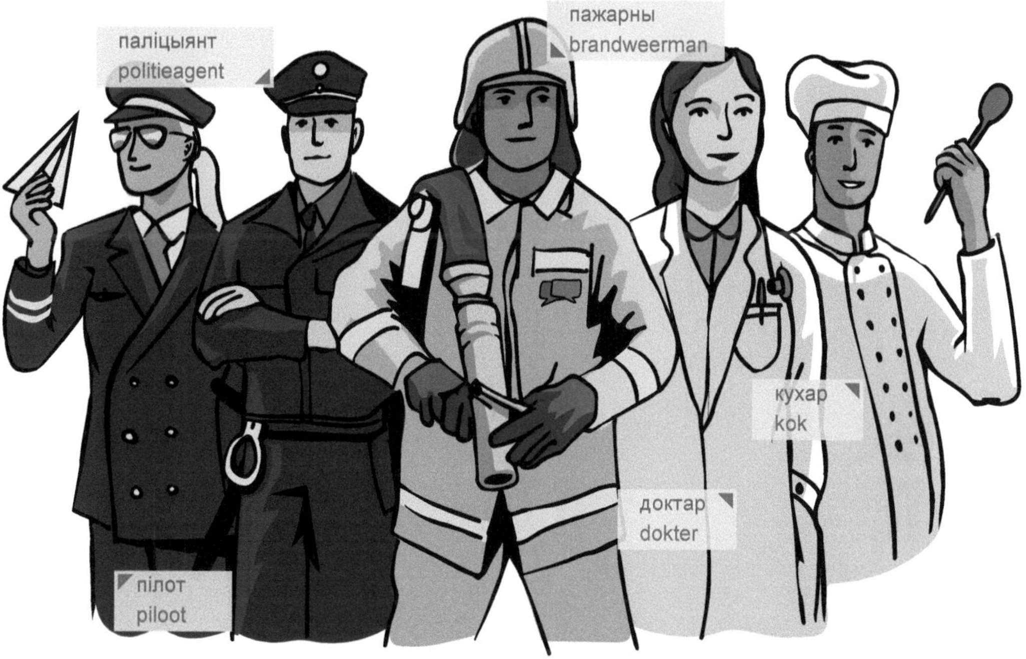
паліцыянт
politieagent
пажарны
brandweerman
кухар
kok
доктар
dokter
пілот
piloot

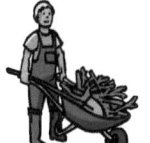

садоўнік

tuinman

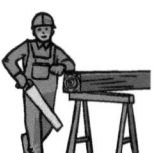

слесар

timmerman

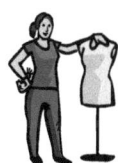

швачка

naaister

суддзя

rechter

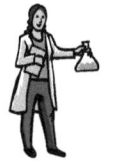

хімік

scheikundige

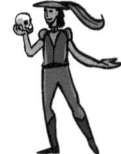

артыст

toneelspeler

кіроўца аўтобуса

buschauffeur

таксіст

taxichauffeur

рыбак

visser

прыбіральшчыца

schoonmaakster

страхар

dakdekker

афіцыянт

ober

паляўнічы

jager

мастак

schilder

пекар

bakker

электрык

elektricien

будаўнік

bouwvakker

інжынер

ingenieur

мяснік

slager

сантэхнік

loodgieter

паштальён

postbode

салдат

soldaat

архітэктар

architect

касір

kassier

фларыст

bloemist

цырульнік

kapper

кандуктар

conducteur

механік

monteur

капітан

kapitein

стаматолаг

tandarts

вучоны

wetenschapper

рабін

rabbi

імам

imam

манах

monnik

святар

pastoor

інструменты

gereedschap

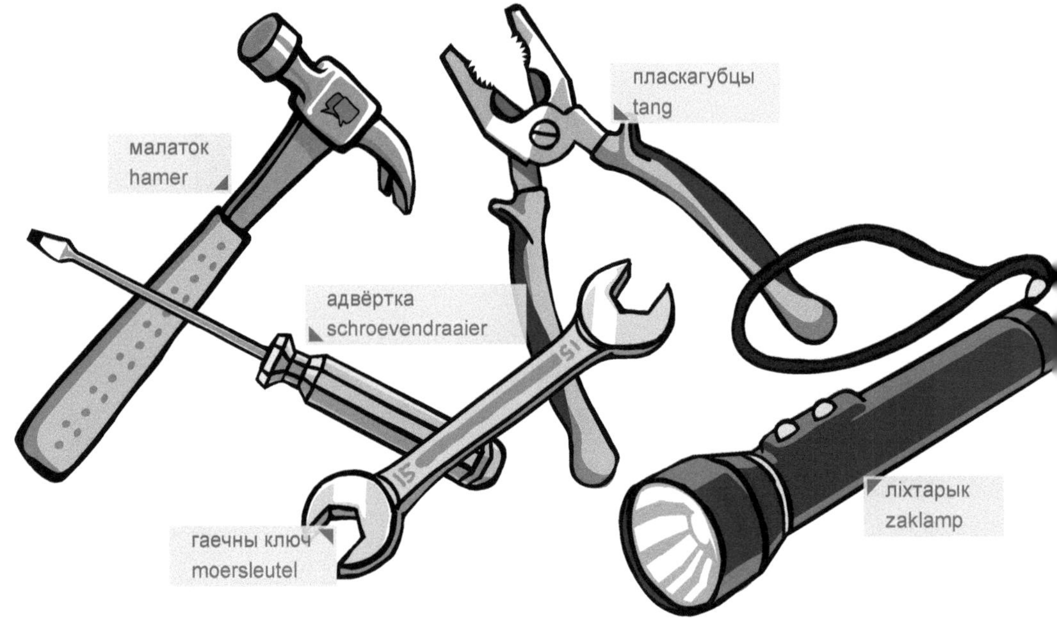

пласкагубцы
tang
малаток
hamer
адвёртка
schroevendraaier
ліхтарык
zaklamp
гаечны ключ
moersleutel

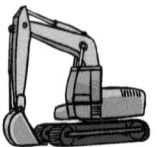

экскаватар

graafmachine

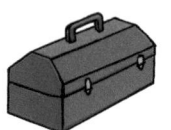

скрыня для інструментаў

gereedschapskist

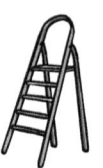

дравіны

ladder

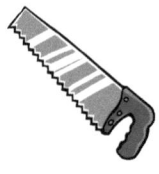

піла

zaag

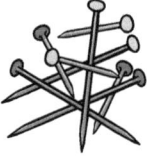

цвікі

spijkers

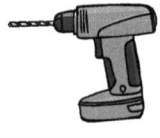

дрыль

boor

рамантаваць

repareren

рыдлеўка

schep

Халера!

Verdorie!

шуфлік для смецця

stofblik

вядро з фарбаю

verfpot

балты

schroeven

музычныя інструменты
muziekinstrumenten

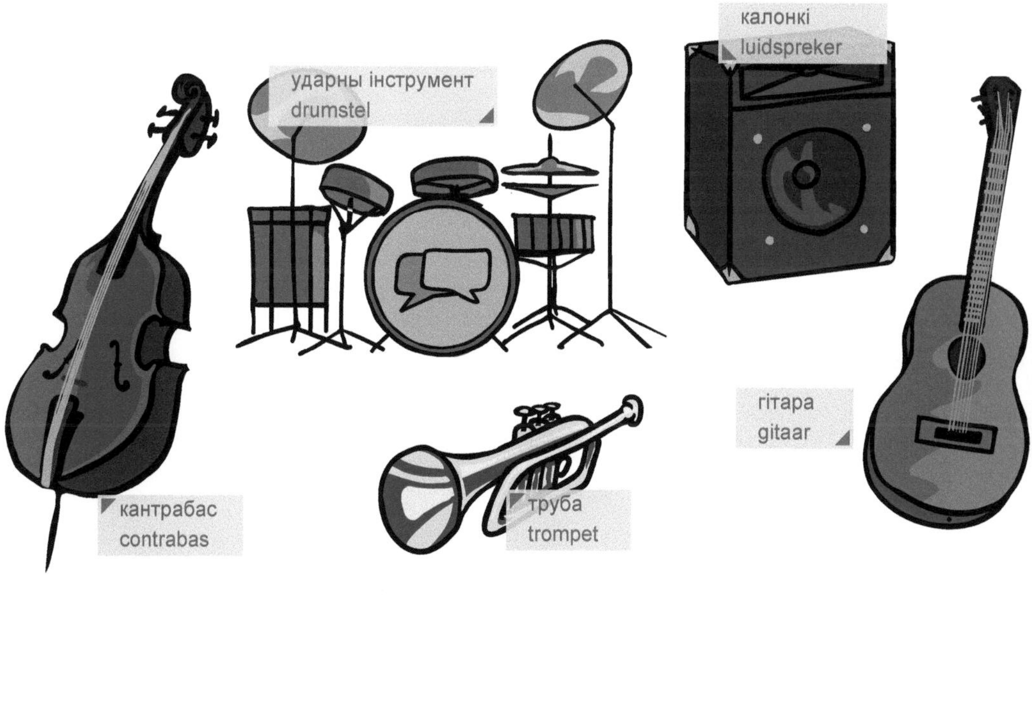

калонкі
luidspreker

ударны інструмент
drumstel

гітара
gitaar

кантрабас
contrabas

труба
trompet

піяніна

piano

скрыпка

viool

басгітара

bas

літаўры

pauk

барабан

trommel

клавішны электрамузычны
інструмент

keyboard

саксафон

saxofoon

флейта

fluit

мікрафон

microfoon

заапарк
dierentuin

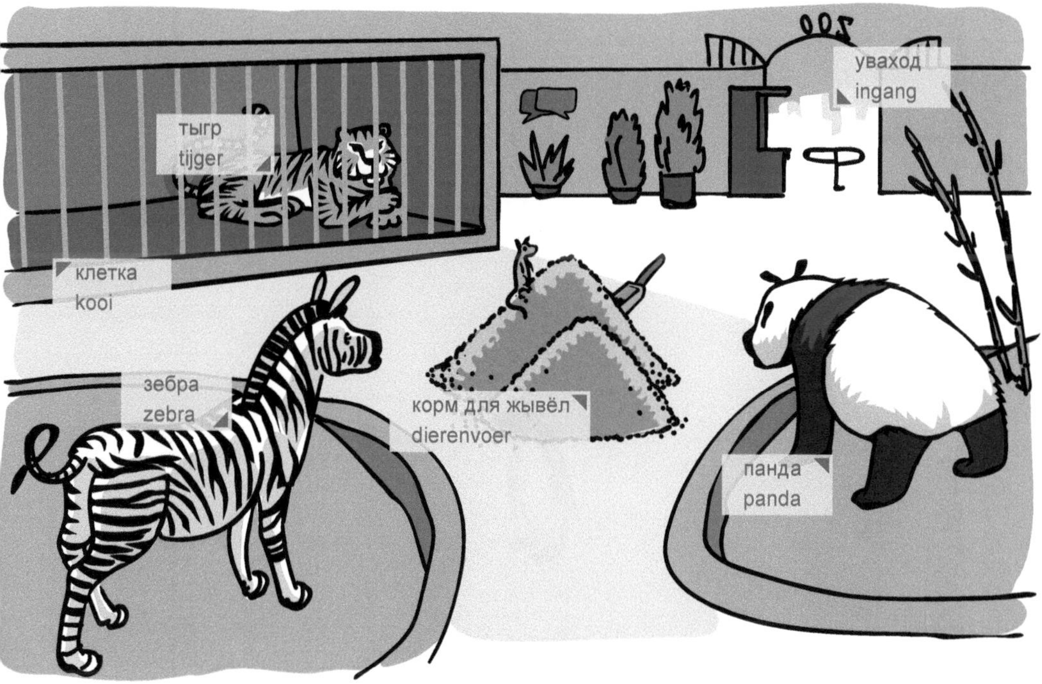

уваход
ingang
тыгр
tijger
клетка
kooi
зебра
zebra
корм для жывёл
dierenvoer
панда
panda

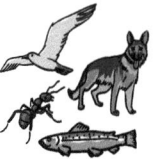

жывёлы

dieren

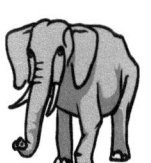

слон

olifant

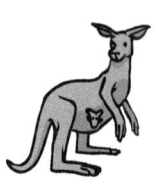

кенгуру

kangoeroe

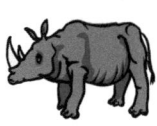

насарог

neushoorn

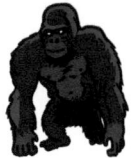

гарыла

gorilla

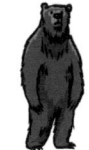

мядзведзь

beer

вярблюд

kameel

стравус

struisvogel

леў

leeuw

малпа

aap

фламінга

flamingo

папугай

papegaai

белы мядзведзь

ijsbeer

пінгвін

pinguïn

акула

haai

паўлін

pauw

змяя

slang

кракадзіл

krokodil

наглядчык заапарка

dierenverzorger

цюлень

zeehond

ягуар

jaguar

поні

pony

леапард

luipaard

бегемот

nijlpaard

жыраф

giraffe

арол

adelaar

дзік

wild zwijn

рыбак

vis

чарапаха

schildpad

морж

walrus

ліса

vos

газель

gazelle

амерыканскі футбол
American football

веласпорт
wielrennen

тэніс
tennis

баскетбол
basketbal

плаванне
zwemmen

бокс
boksen

хакей з шайбай
ijshockey

футбол
voetbal

бадмінтон
badminton

лёгкая атлетыка
atletiek

гандбол
handbal

горныя лыжы
skiën

пола
polo

дзейнасць

activiteiten

скакаць
springen
абдымаць
knuffelen
смяяцца
lachen
ісці
lopen
спяваць
zingen
марыць
dromen
маліцца
bidden
цалаваць
kussen

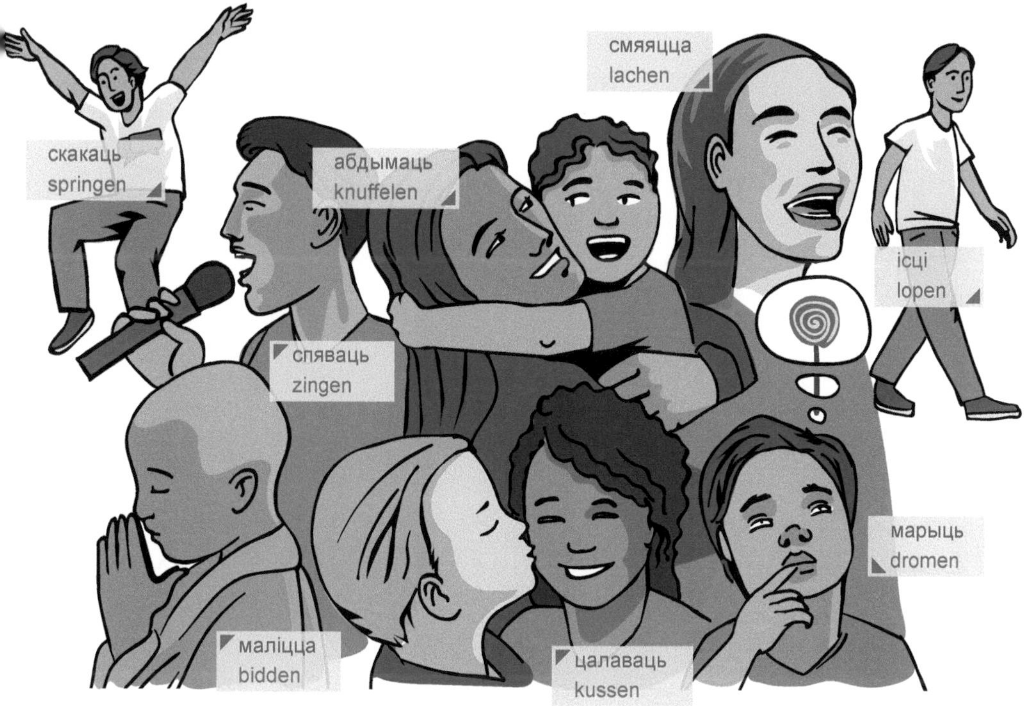

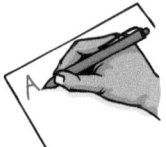

пісаць

schrijven

маляваць

tekenen

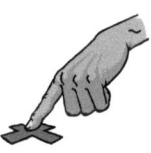

паказваць

tonen

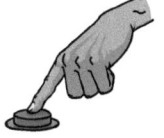

націснуць

duwen

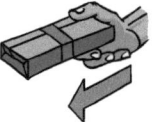

даваць

geven

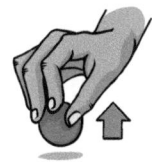

браць

oppakken

маць

hebben

выконваць

doen

быць

zijn

стаяць

staan

бегчы

rennen

цягнуць

trekken

кідаць

gooien

падаць

vallen

ляжаць

liggen

чакаць

wachten

насіць

dragen

сядзець

zitten

апранацца

aankleden

спаць

slapen

прачынацца

wakker worden

глядзець

bekijken

плакаць

huilen

лашчыць

strelen

прычэсвацца

kammen

гаварыць

praten

разумець

begrijpen

пытаць

vragen

чуць

horen

піць

drinken

есці

eten

прыбіраць

opruimen

кахаць

houden van

гатаваць

koken

ехаць

rijden

лятаць

vliegen

плаваць пад ветразем

zeilen

лічыць

rekenen

чытаць

lezen

вучыць

leren

працаваць

werken

уступаць у шлюб

trouwen

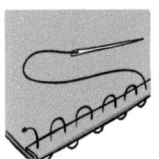

шыць

naaien

чысціць зубы

tandenpoetsen

забіваць

doden

курыць

roken

пасылаць

verzenden

бабуля
grootmoeder

дзядуля
grootvader

бацька
vader

маці
moeder

дзіця
baby

дачка
dochter

сын
zoon

госць
gast

цётка
tante

дзядзька
oom

брат
broer

сястра
zus

цела

lichaam

лоб
voorhoofd
вока
oog
пляча
schouder
палец
vinger
твар
gezicht
падбародак
kin
рука
hand
грудзі
borst
нага
been
рука
arm

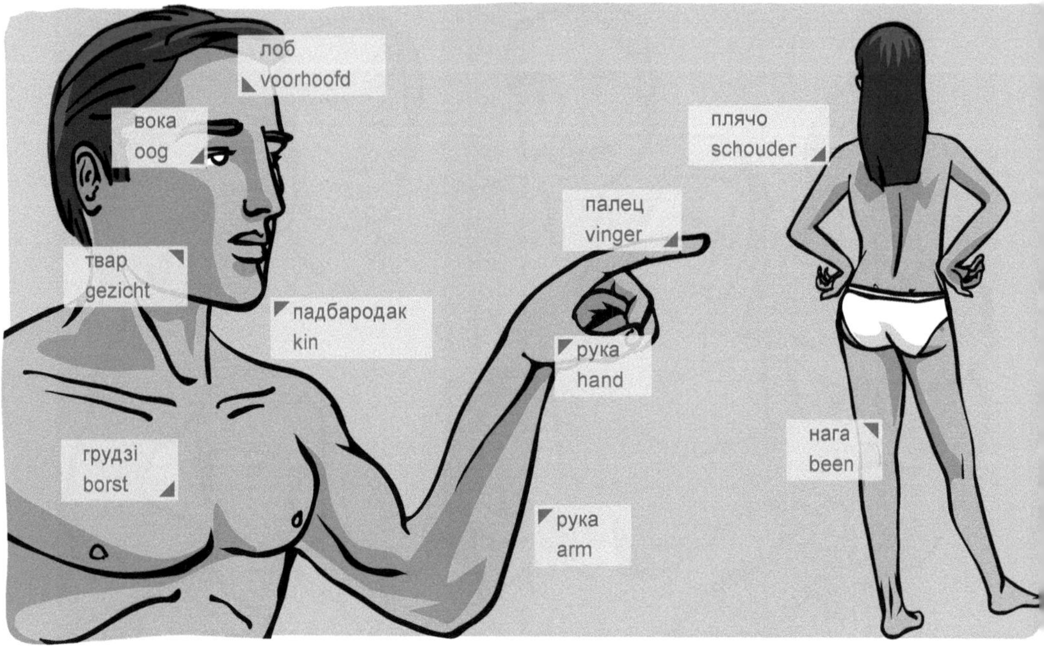

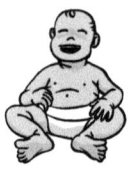

дзіця

baby

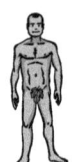

мужчына

man

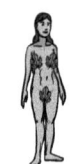

жанчына

vrouw

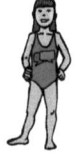

дзяўчынка

meisje

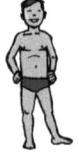

хлопчык

jongen

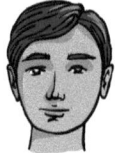

галава

hoofd

спіна
....
rug

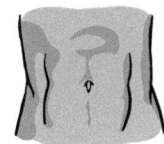

жывот
....
buik

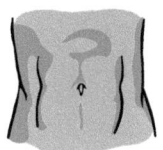

пуп
....
navel

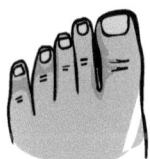

палец нагі
....
teen

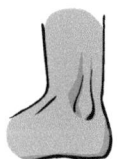

пятка
....
hiel

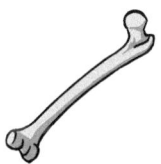

костка
....
bot

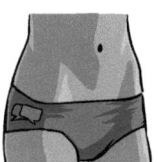

бядро
....
heup

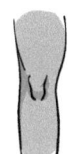

калена
....
knie

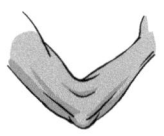

локаць
....
elleboog

нос
....
neus

ягадзіца
....
achterwerk

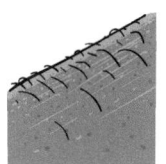

скура
....
huid

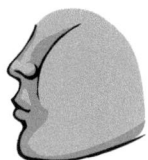

шчака
....
wang

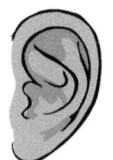

вуха
....
oor

губа
....
lippen

рот

mond

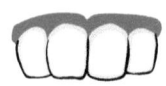

зуб

tand

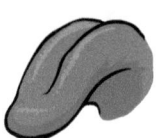

язык

tong

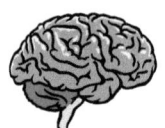

галаўны мозг

hersenen

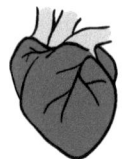

сэрца

hart

мышца

spier

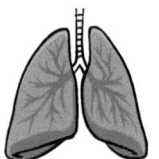

лёгкае

long

пячонка

lever

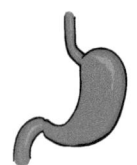

страўнік

maag

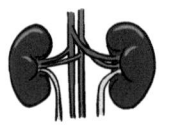

ныркі

nieren

сэкс

geslachtsgemeenschap

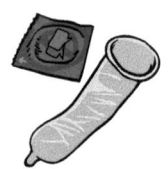

прэзерватыў

condoom

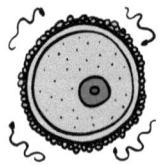

яйцаклетка

eicel

сперма

sperma

цяжарнасць

zwangerschap

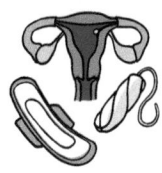

менструацыя

menstruatie

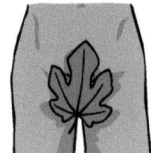

похва

vagina

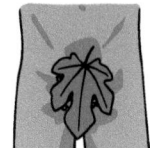

пеніс

penis

брыво

wenkbrauw

валасы

haar

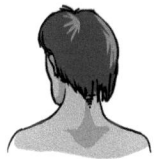

шыя

hals

шпіталь
ziekenhuis

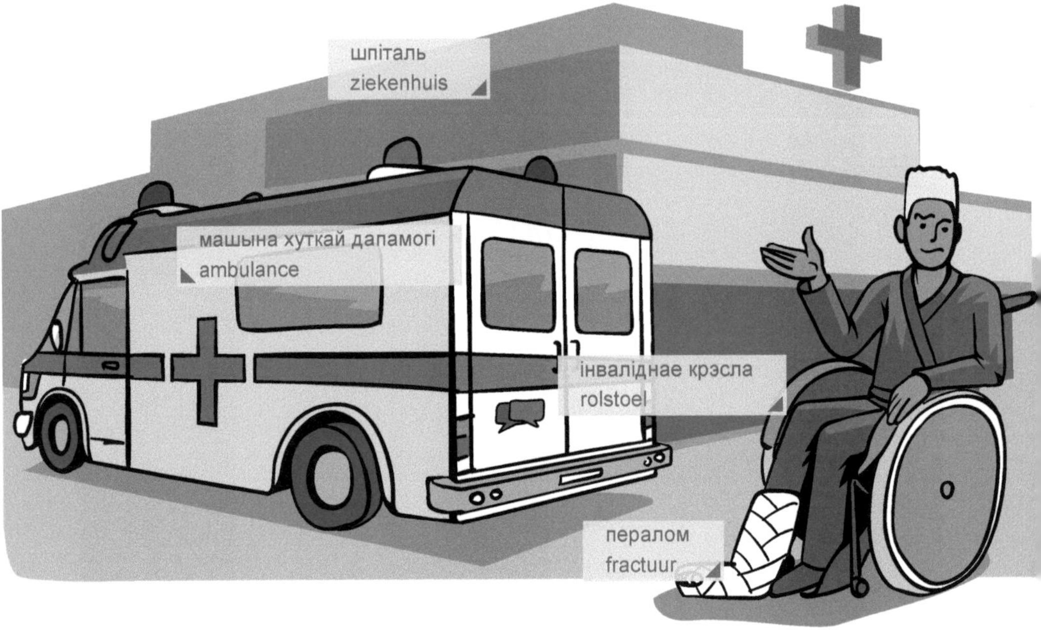

шпіталь
ziekenhuis
машына хуткай дапамогі
ambulance
інваліднае крэсла
rolstoel
пералом
fractuur

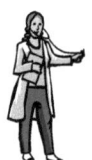

доктар

dokter

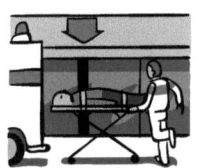

аддзяленне першай дапамогі

EHBO

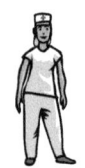

медсястра

verpleegster

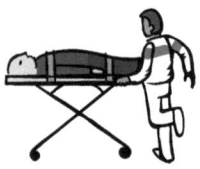

экстраная дапамога

noodgeval

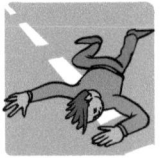

непрытомны

bewusteloos

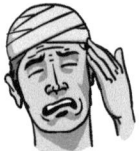

боль

pijn

траўма

verwonding

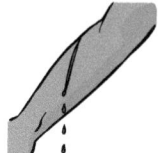

крывацёк

bloeding

інфаркт

hartaanval

апаплексія

beroerte

алергія

allergie

кашаль

hoest

гарачка

koorts

грып

griep

панос

diarree

галаўны боль

hoofdpijn

рак

kanker

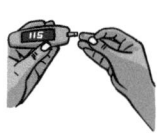

дыябет

diabetes

хірург

chirurg

скальпель

scalpel

аперацыя

operatie

КТ
CT

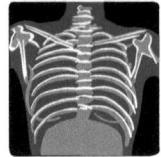

рэнтген
röntgen

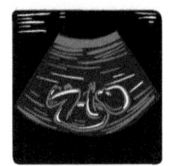

ультрагук
echografie

маска
gezichtsmasker

хвароба
ziekte

пачакальня
wachtkamer

мыліца
kruk

пластыр
pleister

бінт
verband

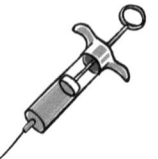

ін'екцыя
injectie

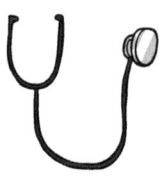

стэтаскоп
stethoscoop

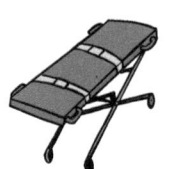

насілкі
brancard

градуснік
thermometer

нараджэнне
geboorte

лішняя вага
overgewicht

слухавы апарат

gehoorapparaat

дззінфекцыйны сродак

ontsmettingsmiddel

інфекцыя

infectie

вірус

virus

ВІЧ/СНІД

HIV / AIDS

лекі

medicijn

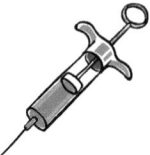

прышчэпка

inenting

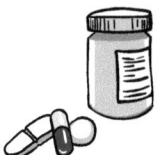

таблеткі

tabletten

супрацьзачаткавая
таблетка

pil

экстраны выклік

alarmnummer

танометр

bloeddrukmeter

хворы / здаровы

ziek / gezond

Ратуйце!

Help!

сігналізацыя

alarm

напад

overval

атака

aanval

небяспека

gevaar

аварыйны выхад

nooduitgang

Пажар!

Brand!

вогнетушыцель

brandblusser

аварыя

ongeluk

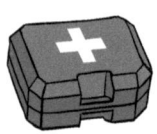

аптэчка

EHBO-koffer

СОС

SOS

паліцыя

politie

Еўропа

Europa

Паўночная Амерыка

Noord-Amerika

Паўднёвая Амерыка

Zuid-Amerika

Афрыка

Afrika

Азія

Azië

Аўстралія

Australië

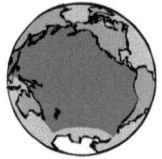

Атлантычны акіян

Atlantische Oceaan

Ціхі акіян

Stille Oceaan

Індыйскі акіян

Indische Oceaan

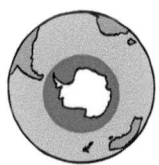

Паўднёвы ледавіты акіян

Zuidelijke Oceaan

Паўночны ледавіты акіян

Noordelijke IJszee

Паўночны полюс

Noordpool

Паўднёвы полюс

Zuidpool

Антарктыда

Antarctica

Зямля

aarde

краіна

land

мора

zee

востраў

eiland

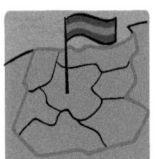

нацыя

natie

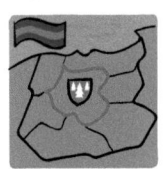

дзяржава

staat

цыферблат

wijzerplaat

гадзінная стрэлка

uurwijzer

хвілінная стрэлка

minutenwijzer

секундная стрэлка

secondewijzer

Колькі часу?

Hoe laat is het?

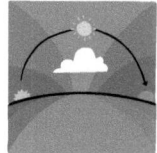

дзень

dag

час

tijd

зараз

nu

электронны гадзіннік

digitaal horloge

хвіліна

minuut

гадзіна

uur

тыдзень

week

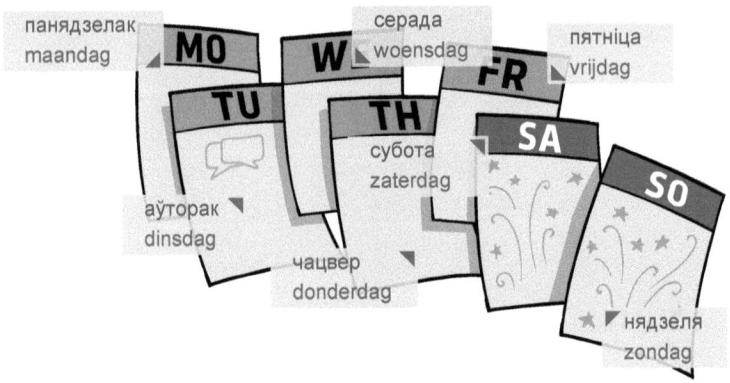

панядзелак
maandag

серада
woensdag

пятніца
vrijdag

аўторак
dinsdag

субота
zaterdag

чацвер
donderdag

нядзеля
zondag

ўчора

gisteren

сёння

vandaag

заўтра

morgen

раніца

ochtend

абед

middag

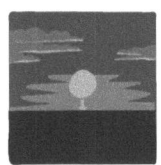

вечар

avond

працоўныя дні

werkdagen

выхадныя

weekend

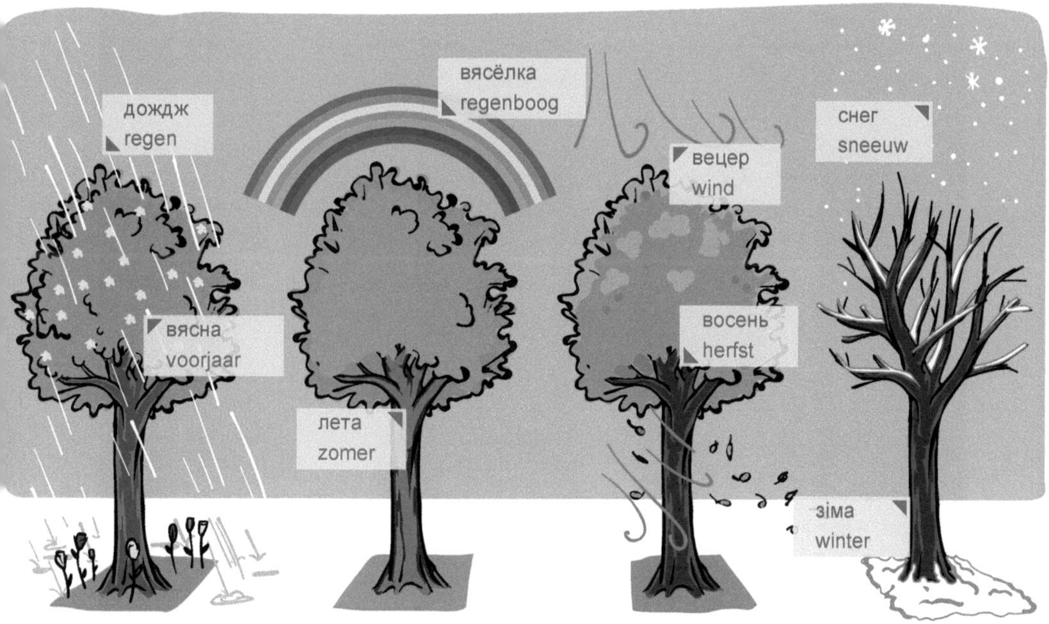

дождж
regen
вясёлка
regenboog
снег
sneeuw
вецер
wind
вясна
voorjaar
восень
herfst
лета
zomer
зіма
winter

4.APRIL 11°
5.APRIL 4°
6.APRIL 13°
7.APRIL 8°
8.APRIL 10°

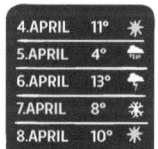

прагноз надвор'я

weerbericht

F C
120 40
90 30
60 20
30 10
0 0
-30 -10
-20

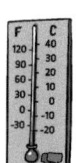

градуснік

thermometer

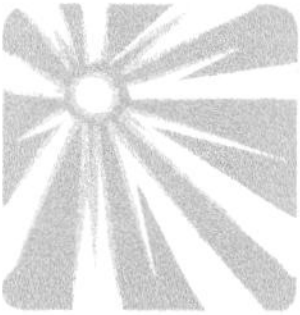

сонечнае святло

zonneschijn

воблака

wolk

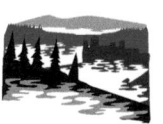

туман

mist

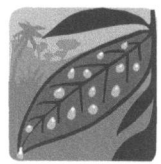

вільготнасць паветра

luchtvochtigheid

маланка

bliksem

гром

donder

бура

storm

град

hagel

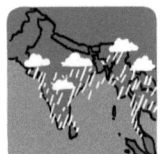

мусонны вецер

moesson

прыліў

overstroming

лёд

ijs

студзень

januari

люты

februari

сакавік

maart

красавік

april

май

mei

чэрвень

juni

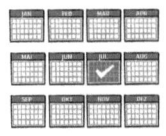

ліпень

juli

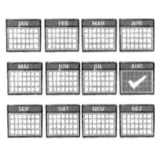

жнівень

augustus

верасень

september

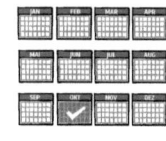

кастрычнік

oktober

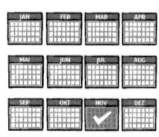

лістапад

november

снежань

december

формы

vormen

круг

cirkel

квадрат

vierkant

прамавугольнік

rechthoek

трохвугольнік

driehoek

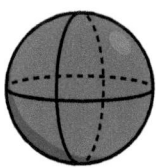

шар

bol

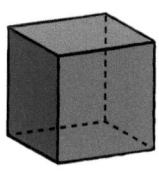

куб

kubus

белы

wit

жоўты

geel

аранжавы

oranje

ружовы

roze

чырвоны

rood

фіялетавы

paars

сіні

blauw

зялёны

groen

карычневы

bruin

шэры

grijs

чорны

zwart

шмат / мала

veel / weinig

злы / добры

boos / rustig

прыгожы / брыдкі

mooi / lelijk

пачатак / канец

begin / einde

высокі / малы

groot / klein

светлы / цёмны

licht / donker

сястра / брат

broer / zus

чысты / брудны

schoon / vies

поўны / няпоўны

volledig / onvolledig

дзень / ноч

dag/ nacht

мёртвы / жывы

dood / levend

шырокі / вузкі

breed / smal

ядомы / неядомы

eetbaar / oneetbaar

злы / добры

gemeen / aardig

узбуджаны / нудны

opgewonden / verveeld

тоўсты / тонкі

dik / dun

першы / апошні

eerste / laatste

сябар / вораг

vriend / vijand

поўны / пусты

vol / leeg

цвёрды / мяккі

hard / zacht

важкі / лёгкі

zwaar / licht

голад / смага

honger / dorst

хворы / здаровы

ziek / gezond

нелегальны / легальны

illegaal / legaal

разумны / дурны

intelligent / dom

левы / правы

links / rechts

побач / далёка

dichtbij / ver

новы / былы ва ўжыванні

nieuw / gebruikt

нічога / нешта

niets / iets

стары / малады

oud / jong

укл / выкл

aan / uit

адчынены / зачынены

open / gesloten

ціхі / гучны

zacht / luid

багаты / бедны

rijk / arm

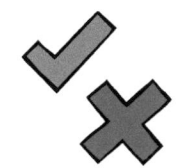

правільна / няправільна

goed / fout

шурпаты / гладкі

ruw / glad

сумны / шчаслівы

verdrietig / gelukkig

кароткі / доўгі

kort / lang

павольны / хуткі

langzaam / snel

вільготны / сухі

nat / droog

цёплы / халаднаваты

warm / koel

вайна / мір

oorlog / vrede

лічбы

0

нуль

nul

1

адзін

één

2

два

twee

3

тры

drie

4

чатыры

vier

5

пяць

vijf

6

шэсць

zes

7

сем

zeven

8

восем

acht

9

дзевяць

negen

10

дзесяць

tien

11

адзінаццаць

elf

12

дванаццаць

twaalf

13

трынаццаць

dertien

14

чатырнаццаць

veertien

15

пятнаццаць

vijftien

16

шаснаццаць

zestien

17

сямнаццаць

zeventien

18

васямнаццаць

achttien

19

дзевятнаццаць

negentien

20

дваццаць

twintig

100

сто

honderd

1.000

тысяча

duizend

1.000.000

мільён

miljoen

англійская

Engels

англійская (Амерыка)

Amerikaans Engels

кітайская мандарынская

Chinees Mandarijn

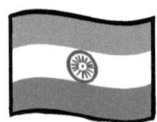

хіндзі

Hindi

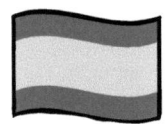

іспанская

Spaans

французская

Frans

арабская

Arabisch

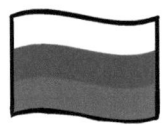

руская

Russisch

партугальская

Portugees

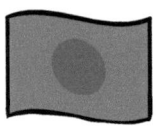

бенгальская

Bengalees

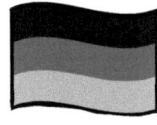

нямецкая

Duits

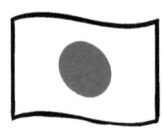

японская

Japans

я
ik

ты
jij

ён / яна / яно
hij / zij / het

мы
wij

вы
jullie

яны
zij

хто?
wie?

што?
wat?

як?
hoe?

дзе?
waar?

калі?
wanneer?

імя
naam

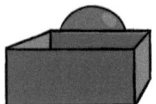

за

achter

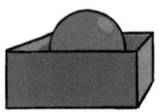

у

in

перад

voor

над

boven

на

op

пад

onder

каля

naast

паміж

tussen

месца

plaats